AF227201

NOUVEL
ÉQUILIBRE EUROPÉEN

ALLIANCE FRANCO-ALLEMANDE

PAR

GRÉGOIRE DE BALLIANO

INGÉNIEUR CIVIL DES MINES.

Prix : 50 centimes

PARIS

E. DENTU, LIBRAIRE-ÉDITEUR,

Palais-Royal, 17 et 19, Galerie d'Orléans.

Envoi franco contre 60 c. en timbres-poste

1867
1866

BIBLIOTHÈQUE IMPÉRIALE IMPR.

DÉPOT LÉGAL Seine 9638 1866

Lb56 b 1681

IMPERIAL.
TIMBRE
SEINE
5 cen.

AVANT-PROPOS

Je définirai la politique de la façon suivante : un art sans règles fixes, mais qui devrait avoir des principes. Ces principes devraient être le juste et l'honnête. Malheureusement les hommes politiques ne considèrent qu'une seule chose, leurs intérêts personnels ou ceux de leur pays, mais ils n'élèvent jamais les questions de façon à les considérer à un point de vue d'intérêt général, ce qui serait justice. Voilà cependant ce qu'il faudrait, et ce qui est le caractère de la nouvelle politique dont le comte de Cavour a donné le premier l'exemple en Europe. Il a proclamé le droit qu'ont les nations de se grouper à leur guise, et de se donner la forme de gouvernement qui leur convient le mieux. Mais ce groupement des nations et cette forme de gouvernement sont essentiellement variables, suivant la modification des mœurs et des intérêts. C'est ce qui fait que la politique est un art sans règles fixes. Il s'agit tout simplement de tirer avec habileté le meilleur

parti des circonstances, et cela à l'avantage de l'hu-
manité entière, ou tout au moins d'une grande partie. Quelques injustices peuvent être pardonnées en
vue d'un grand but d'intérêt général, et par consé-
quent de justice.

NOUVEL

ÉQUILIBRE EUROPÉEN

ALLIANCE FRANCO-ALLEMANDE

Après les faits récents qui se sont passés en Allemagne, et qui ont eu pour conséquence immédiate et directe l'agrandissement extraordinaire de la Prusse et l'affaiblissement extrême de l'Autriche, l'ancien équilibre européen est réduit tout à fait à l'état de chimère. Un fait est patent, c'est que la Prusse s'alliant à la France, à elles deux elles domineront l'Europe. Et d'un autre côté, si au lieu de marcher avec la France, la Prusse s'unit avec la Russie, la France aurait beau s'allier l'Autriche, l'Italie ou l'Espagne, elle ne parviendrait point à entraver d'une façon définitive les projets de ces deux formidables puissances. Il ressort de là que la Prusse étant un des trois puissants États de l'Europe, elle donnera la victoire à celui des deux autres, du côté duquel elle se rangera. Or, si la Prusse se joint à la

Russie, c'est la barbarie qui l'emporte ; mais si au contraire elle se range du côté de la France, c'est la civilisation et la liberté qui finiront par triompher en Europe.

On se trouve donc à une époque excessivement grave. Suivant l'un des deux choix que fera la Prusse, l'Europe deviendra heureuse et libre, ou elle reculera jusqu'aux temps du moyen âge. Et ce qui rend la situation d'autant plus périlleuse, c'est que le roi actuel de Prusse, sachant qu'il descend de Frédéric le Grand, et glorieux de ses récents succès, ne consultera purement et simplement que ses convenances personnelles et ses sympathies naturelles. Or, tout le monde sait de quel côté il est porté par le courant de ses idées.

Dans une pareille occurrence, que faire pour préserver l'Europe de la calamité qui la menace, c'est-à-dire le triomphe du despotisme le plus exagéré ? La réponse est facile en apparence. Ce serait de gagner la Prusse entièrement à la cause du progrès, et de l'attacher par des liens indissolubles à la France. Pour cela il faut une habileté extraordinaire, dont le regrettable M. Thouvenel aurait été certainement capable. Mais c'est là une tâche tellement difficile, que l'homme d'État français qui parviendra à l'accomplir, sera certainement le sauveur de l'Europe.

La Russie n'a point abandonné ses projets sur

l'Orient ; tout au contraire, elle songe à les mettre bientôt à exécution. La meilleure preuve est que la Russie arme, et que son futur empereur a épousé la sœur du roi de Grèce. Tout ceci, rapproché de l'insurrection de l'île de Candie et de l'attitude encourageante de la Grèce, prouve que la question d'Orient commencera d'une façon définitive par des soulèvements des chrétiens des provinces turques, appuyés par la Grèce et stimulés assez ouvertement par la Russie.

Ces trois faits, rapprochés l'un de l'autre, prouvent que la Russie se prépare à trancher la question d'Orient à son profit. Que faire dans ce cas ? Vouloir empêcher la chute de l'Empire ottoman est une chose impossible, surtout quand il y a un colosse comme la Russie qui y pousse sans cesse. Ne pouvant donc empêcher cet événement, le parti le plus sage à prendre par la France, ainsi que toute l'Europe libérale, c'est de laisser faire pour le moment, quitte à intervenir au moment opportun, et empêcher la Russie de s'agrandir davantage.

Pour atteindre un pareil résultat, il faut d'abord tâcher de gagner la Prusse à cette combinaison. Et pour cela, la France n'aurait qu'à conclure avec la Prusse un traité d'alliance offensive et défensive sur les bases suivantes : La France autorise la Prusse à s'annexer toute l'Allemagne, y compris les Provinces allemandes de l'Autriche. De son côté, la Prusse autorise la France à s'annexer la Belgique, la Hollande ainsi que les Provinces rhénanes. Bien entendu que toutes ces annexions devront être consenties par les populations dans les deux ans qui suivront leur exécution.

De cette manière, la France et la Prusse ne feront plus qu'un tout homogène et compacte, guidé par une même pensée, celle de sauver l'Europe de l'abrutissante servitude dont la menace la Russie. Et pour cette raison, il faudrait tâcher de gagner à cette cause tous les autres peuples de l'Europe. Et d'abord l'Italie a tout intérêt à faire cause commune avec la France et la Prusse, ses créateurs et ses appuis.

Et quant à l'Autriche, quoiqu'on la dépouille de nouveau, on pourrait encore la gagner d'une façon assez adroite. L'ancien Empire d'Autriche, ni Allemand, ni Hongrois, ni Slave, ni Italien, etc., serait, une fois débarrassé de la partie Italienne et de la partie Allemande, transformé tout naturellement en Empire Slave, qui aurait son siége à Pesth, et qui comprendrait, outre les Provinces actuelles de l'Autriche, non Allemandes et non Italiennes, la portion Polonaise que possède la Prusse, plus l'Herzégovine, la Bosnie, la Roumélie et l'Albanie, qui appartiennent actuellement à la Turquie. De cette façon, l'Autriche deviendrait un immense empire Slave, qui transporterait plus tard son siége à Constantinople.

L'Angleterre aurait tout intérêt à accepter un pareil état de choses, plutôt que de laisser la Russie s'emparer de toute la Turquie d'Europe, et devenir par là la dominatrice de tout notre continent.

La Russie elle-même, devant une entente générale, n'aurait plus qu'à baisser la tête, ou sinon elle courrait à sa perte. Du reste, pour lui rendre la situation plus supportable, on pourrait lui donner un dédommagement en argent. Par exemple, on pourrait lui donner trois milliards de francs, payés de la façon suivante : La Prusse, qui aurait le plus gagné à tous ces changements territoriaux, donnerait à la Russie deux milliards de francs. Et quant à la France, qui aurait gagné bien moins, elle ne donnerait qu'un milliard. D'un autre côté l'Autriche, qui aurait beaucoup gagné, mais aussi beaucoup perdu, car elle aurait donné des pays industrieux et civilisés, et n'aurait annexé que des populations à moitié barbares, elle serait dispensée de rien donner, car elle aurait fort à faire pour organiser ses nouvelles possessions.

La Russie aurait pris ainsi trois milliards, qu'elle pourrait employer à fertiliser son immense empire, par le développement de son commerce et de son industrie. Et ce qu'elle aurait perdu en rêves d'ambition démesurée, elle le regagnerait largement en prospérité et en civilisation.

Ensuite, pour ses possessions polonaises, l'Autriche créerait une vice-royauté, à la tête de laquelle se trouverait un frère de Sa Majesté l'Empereur d'Autriche. Ainsi, cette Pologne autrichienne aurait une administration intérieure séparée, mais son armée serait fondue dans l'armée autrichienne, et ses finances seraient régies par le ministre des finances de tout l'Empire; et aussi sa représentation à l'étranger se ferait par le corps diplomatique de l'Empire.

Alors, il y aurait une comparaison qui s'établirait *ipso facto*, entre le gouvernement de la Pologne autrichienne et celui de la Pologne russe. Et tout naturellement, celle des deux Polognes qui serait la mieux gouvernée attirerait forcément l'autre vers elle. Et ainsi s'accomplirait, tout doucement et sans secousse, le rétablissement de cette malheureuse Pologne.

Et quant à la Hongrie, elle n'aurait nullement à se plaindre du sort qui lui serait fait; car elle serait tout à la fois la tête et le cœur du nouvel Empire slave. Elle serait l'initiatrice de la civilisation moderne au milieu de toutes ces populations ignorantes et paresseuses.

Au milieu de tous ces changements, la Grèce recevrait la Thessalie, l'Épire et toutes les Iles de l'Archipel.

Et quant aux Principautés Danubiennes, elles conserveraient leur constitution actuelle ; mais elles seraient mises sous la protection de la France et de la Prusse, dont les nationaux jouiraient de tous les droits politiques dans ces provinces.

La Suisse resterait, comme par le passé, une République indépendante, mise sous la protection de toutes les puissances.

Une fois cet état de choses constitué et reconnu par tous, on se garantirait mutuellement ces possessions, sauf ratification par le suffrage universel, en cas de contestation entre voisins.

Alors, l'Europe constituée d'une façon stable pour un siècle au moins, pourrait désarmer et n'avoir plus que de la gendarmerie pour sa police intérieure. Et toutes les sommes énormes, économisées sur la guerre et les armements, que l'on peut évaluer en Europe à trois milliards par an, on les emploiera alors à créer des routes, des canaux et des chemins de fer jusque dans les moindres villages.

Ce qui fait que l'Europe s'enrichira d'une façon extraordinaire, et prospérera presque autant que les États-Unis.

On pourra, en outre, donner un développement considérable à l'instruction publique de tous les pays, et parvenir même à créer un système d'éducation et d'instruction internationales, sous la surveillance des Universités de toute l'Europe, qui choisiraient un comité, lequel distribuerait des diplomes valables partout.

Et quant au système d'instruction, il devrait être organisé de telle façon, qu'il rehaussât les carrières utiles, qui sont maintenant méprisées à cause de l'ignorance de ceux qui les suivent. Ainsi, on devrait chercher à former des agriculteurs sérieux et savants, à qui on aurait enseigné, en dehors des mathématiques élémentaires, de la chimie, de la physique, du dessin, et surtout de la mécanique pratique, au point de vue des instruments aratoires. Bien entendu qu'outre cela, ces agriculteurs distingués devraient bien connaître l'arboriculture, la viticulture, la botanique et l'agriculture proprement dite. Alors, on aurait réellement dans cette branche des hommes distingués, qui pourraient donner l'impulsion aux travaux des champs et les faire entrer dans une voie d'art et de progrès, qui

serait utile non-seulement au point de vue des intérêts matériels; mais surtout cette manière de faire
donnerait une grande considération à l'agriculture,
qui ne serait plus pratiquée exclusivement par des
brutes. Ceci aurait pour résultat immédiat de ré-
pandre une immense faveur sur cette branche si
utile de la prospérité d'un pays. Et comme conséquence, on ne verrait plus les ouvriers déserter les
champs et s'accumuler dans les villes où ils ont sou-
vent de la peine à gagner leur subsistance, mais où,
en tout cas, ils tombent dans toute espèce de vices
occasionnés par la vie de cabaret.

Et pour clore cette entente générale, on établirait partout une uniformité complète de poids et
mesures, et même de monnaie, ainsi qu'une législa-
tion uniforme. On pourrait en outre, d'un commun
accord, supprimer les passe-ports, les douanes et en-
fin tout ce qui s'oppose à la prospérité générale de
l'Europe. Et étant alors sûr de la paix, pour long-
temps au moins, on pourrait, dans chaque grande
capitale de l'Europe, avoir de grandes expositions
universelles en permanence, qui seraient de vastes
marchés, possédés par des compagnies intelligentes
et riches, qui achèteraient la marchandise directe-
ment de l'ouvrier, pour la revendre ensuite aux con-
sommateurs avec un léger bénéfice. Ces compagnies
pourraient en outre, au moyen d'**arrangements** dé-

terminés, avancer des capitaux aux ouvriers laborieux et honnêtes, qui ne demanderaient qu'à travailler et qui se trouveraient manquer d'ouvrage.

Ces compagnies, étant très-riches, très-bien dirigées et parfaitement au courant des besoins de la consommation de chaque pays, pourraient faire créer à bon escient les objets d'utilité réelle, et d'un autre côté pourraient attendre le moment opportun pour les revendre. Ces compagnies ne feraient donc tout simplement qu'une avance de fonds dont elles tireraient profit, et d'un autre, côté, elles empêcheraient de malheureux ouvriers de mourir de faim. Elles seraient donc ainsi doublement utiles à la société ; d'abord elles défendraient les intérêts du producteur, qu'elles empêcheraient de périr à cause d'un ralentissement de travail. Et d'un autre côté elles seraient utiles au consommateur, pour qui elles auraient eu la prévoyance de faire produire en temps opportun des objets utiles et à bon marché.

Par de pareils moyens on parviendrait donc, sans secousse et sans violence, à résoudre tous les problèmes politiques qui intéressent l'avenir et la sécurité de l'Europe ; et en outre, on parviendrait à restreindre, en grande partie, cette plaie sociale qui s'appelle le paupérisme, et qui, si on n'y prend

garde, finira par dévorer toute la société européennne, qui mourra pour sûr de convulsions violentes, si elle continue de marcher au hasard, sans
but et sans principes.

BIBLIOTHÈQUE IMPÉRIALE IMPR.

Paris. — Typ. A. PARENT rue Monsieur-le-Prince, 31.

www.ingramcontent.com/pod-product-compliance
Lightning Source LLC
Chambersburg PA
CBHW061224050726
47594CB00008B/3791